Trésor Dieudonné Kalonji Bilolo

Les Chroniques de l'Etrange

Trésor Dieudonné Kalonji Bilolo

Les Chroniques de l'Etrange

Aperçu historique, géopolitique et parapsychologique de l'Afrique et du monde

Bloggingbooks

Impressum / Mentions légales
Bibliografische Information der Deutschen Nationalbibliothek: Die Deutsche
Nationalbibliothek verzeichnet diese Publikation in der Deutschen Nationalbibliografie;
detaillierte bibliografische Daten sind im Internet über http://dnb.d-nb.de abrufbar.
Alle in diesem Buch genannten Marken und Produktnamen unterliegen warenzeichen-,
marken- oder patentrechtlichem Schutz bzw. sind Warenzeichen oder eingetragene
Warenzeichen der jeweiligen Inhaber. Die Wiedergabe von Marken, Produktnamen,
Gebrauchsnamen, Handelsnamen, Warenbezeichnungen u.s.w. in diesem Werk berechtigt
auch ohne besondere Kennzeichnung nicht zu der Annahme, dass solche Namen im Sinne
der Warenzeichen- und Markenschutzgesetzgebung als frei zu betrachten wären und
daher von jedermann benutzt werden dürften.

Information bibliographique publiée par la Deutsche Nationalbibliothek: La Deutsche
Nationalbibliothek inscrit cette publication à la Deutsche Nationalbibliografie; des
données bibliographiques détaillées sont disponibles sur internet à l'adresse http://dnb.d-
nb.de.
Toutes marques et noms de produits mentionnés dans ce livre demeurent sous la
protection des marques, des marques déposées et des brevets, et sont des marques ou des
marques déposées de leurs détenteurs respectifs. L'utilisation des marques, noms de
produits, noms communs, noms commerciaux, descriptions de produits, etc, même sans
qu'ils soient mentionnés de façon particulière dans ce livre ne signifie en aucune façon que
ces noms peuvent être utilisés sans restriction à l'égard de la législation pour la protection
des marques et des marques déposées et pourraient donc être utilisés par quiconque.

Coverbild / Photo de couverture: www.ingimage.com

Verlag / Editeur:
Bloggingbooks
ist ein Imprint der / est une marque déposée de
OmniScriptum GmbH & Co. KG
Heinrich-Böcking-Str. 6-8, 66121 Saarbrücken, Deutschland / Germany
Email: info@bloggingbooks.de

Herstellung: siehe letzte Seite /
Impression: voir la dernière page
ISBN: 978-3-8417-7109-4

Copyright / Droit d'auteur © 2014 OmniScriptum GmbH & Co. KG
Alle Rechte vorbehalten. / Tous droits réservés. Saarbrücken 2014

LES PRÉMISSES DE LA TROISIÈME GUERRE MONDIALE

Après les attentats du 11 septembre 2001 aux Etats-Unis, le monde entier a pris conscience de l'émergence du terrorisme international qu'entretenait le fanatisme religieux.

Les Etats-Unis, frappés de plein fouet, ont immédiatement réagi en désignant Oussama Ben Laden, Leader du Mouvement Terroriste Al Qaeda, comme responsable de ces attaques.

Les Services de Renseignement américains organisèrent dès lors une traque de Ben Laden qui est dans un premier temps localisé en Afghanistan, un pays du Moyen-Orient au régime théocratique dirigé par des fanatiques religieux : les Talibans.

Les Talibans refusent de livrer Ben Laden qu'ils considèrent comme leur hôte et ce malgré les menaces américaines d'envahir le pays pour le capturer.

L'Opération *Liberté Immuable* est ainsi déclenchée 2 mois après les attentats, renversant le Régime des Talibans, mais sans être capable de mettre la main sur Ben Laden qui, après s'être réfugié dans des grottes, s'enfuit au Pakistan voisin, jusqu'à sa mort en 2013.

L'Opération Liberté Immuable était perçue comme un acte de légitime défense face à un Etat qui soutenait et abritait Oussama Ben Laden.

Cependant, le Président Bush a élargi cette conception d'auto-défense en invoquant la nécessité de renverser le régime irakien de Saddam Hussein, à qui Washington reprochait des liens étroits avec des membres d'Al-Qaeda, liens supposés aboutir à la fourniture à ces derniers par Saddam, d'armes de destruction massives.

Une forte campagne médiatique et diplomatique est enclenchée pour persuader à la fois l'opinion américaine et internationale mais également les Nations-Unies de la nécessité de changer de régime à Bagdad, afin d'éviter un autre 11 septembre et par ricochet assurer la protection des alliés des Etats-Unis dans la région, notamment Israël.

La nouvelle théorie américaine parle de guerre *préventive*, compris comme une action militaire à mener en vue d'anticiper l'obtention, l'utilisation ou le développement d'armes de destruction massives par l'Irak.

Cette notion n'est pas nouvelle, mais revêt plus de légitimité avec l'approbation du Conseil de Sécurité des Nations Unies, qui juge de la pertinence et de la nécessité d'une telle action, si cette dernière concourt à préserver la paix et la stabilité internationale et ce, uniquement après épuisement de tous les efforts de conciliation pacifique possibles.

La Situation de l'Irak ne s'y prêtait pourtant pas. Soumis à un embargo depuis 1991, Saddam Hussein, accepte après de multiples hésitations d'autoriser l'arrivée et l'investigation d'inspecteurs de l'Agence Internationale de l'Energie Atomique afin de couper court à la polémique.

Washington malgré cela, ne cesse d'enfoncer le clou et de mettre la pression sur les Nations-Unies pour entériner une résolution condamnant les projets belliqueux irakiens et donnant mandat à une coalition internationale d'y mettre un terme.

Le refus de l'ONU de bruler les étapes notamment face à des inspections qui ne révélaient aucun programme militaire belliqueux, poussèrent l'Amérique à créer une coalition artificielle de 49 pays, sans véritable armées pour la plupart, qui envahira l'Irak et renversera en 2003, le Régime de Saddam Hussein.

Cette action unilatérale entreprise sans l'accord des Nations Unies établit une rupture dans les rapports internationaux et un précédent juridique qui allait faire évoluer le concept sécuritaire sur le plan international.

C'est la remise en cause de l'esprit ayant suivi la fin de la seconde guerre mondiale, où les Etats renonçaient à entreprendre unilatéralement une guerre d'une telle portée, sans le quitus de l'ONU qui était remis en cause, ouvrant la voie à des dérapages susceptibles de menacer la paix et la stabilité internationale.

Se trouvait ainsi justifiée l'invasion d'un Etat par un autre suivant une approche de neutralisation des capacités militaires nuisibles de l'un ou de l'autre.

L'invasion rwandaise du Congo Kinshasa en 1998, dépeinte comme une nécessité sécuritaire par le Rwanda craignant les actions subversives de combattants rwandais génocidaires réfugiés au Congo, y trouverait ainsi sa pleine justification.

Le contexte de cette crise qui a déstabilisé la région des grands lacs africains se résumait par la présence au Congo de soldats Hutus Interamwhes, soutenus par le gouvernement congolais alors en froid avec le régime de Kigali, qu'il accusait de soutenir des mouvements insurrectionnels à l'Est du Congo.

L'évaluation de la menace encourue par un Etat pouvant se faire hélas avec une dose de subjectivité et une approche partiale, exactement quand les congolais(RDC) pour réfuter la thèse rwandaise d'élimination de forces négatives, ne comprenaient pas que ceux-ci s'étendent à plusieurs milliers de kilomètres de leurs frontières dans des zones minières, alors que les rebelles Hutus étaient supposés ne se concentrer que le long de la frontière rwandaise.

C'est cette ambigüité qui d'une part, laissait entrevoir une opération de guerre préventive menée par le Rwanda dans le but de sécuriser sa frontière et d'autre part, le principe de non agression d'un Etat par un autre, qui a biaisé la compréhension du Conseil de Sécurité des Nations Unies, qui ne reconnut que 2 ans après le début des hostilités, l'agression du Congo par le Rwanda, sans nier la nécessité pour ce dernier d'assurer sa protection.

Il a fallu plusieurs années pour que les Nations Unies arrivent à reconnaître les fondements économiques ayant motivé l'agression du Congo, suite aux révélations d'un Panel d'experts onusien, qui confirma que les pillages systématiques des matières précieuses du Congo, constituait une opération juteuse pour le Rwanda.

Il existe désormais un flou entre la guerre préventive, qui est une guerre dont un pays prend l'initiative pour empêcher un autre pays d'acquérir la capacité de lui infliger de graves dommages (cas de l'Irak, RDC, évocation de la crise iranienne) et la guerre préemptive qui est menée en anticipation, face à un pays avec qui la guerre est reconnue comme immédiate ou inévitable.

Bien que les relations entre les deux pays se soient réchauffées du fait de l'action diplomatique internationale, les prémisses de nouveaux dérapages sont à craindre pour le futur.

Cette ambigüité entretenue à dessein au plan international, maquille uniquement les intentions géopolitiques des nouveaux défenseurs de ces théories qui ne l'appliquèrent pourtant pas à des pays affichant publiquement leur bellicisme comme la Corée du Nord.

Le printemps arable et la vague de soulèvements qu'il a entrainé dans les pays du Maghreb et au Proche-Orient a de nouveau remis sur le tapis ces nouvelles théories interventionnistes: en Lybie

Le Régime du Colonel Kadhafi, a donné une autre illustration de l'application sélective de la doctrine interventionniste à la différence que celle-ci, contrairement à l'aventure irakienne, a impliqué des acteurs multilatéraux (au sein de l'OTAN) et a bénéficié de l'aval du Conseil de Sécurité.

Dans la crise libyenne a prévalu un droit qualifié d'ingérence, impliquant la conciliation de l'impératif politique de souveraineté d'un Etat et la nécessité morale pour la communauté internationale d'assurer la protection de civils dont l'existence est menacée par les institutions dudit Etat.

Là aussi les exemples ne manquent pas pour expliquer la complexité pour les Nations Unies d'intervenir sans risquer de se voir taxer d'ingérence dans les affaires intérieures d'un Etat qui, pourrait malgré tout, orchestrer des opérations visant à menacer pour des raisons diverses, sa propre population.

Le Génocide au Rwanda, perpétré durant plusieurs semaines sous l'œil passif de la communauté internationale est l'illustration la plus macabre de cette difficile conciliation où les règles de droits sont des facteurs de paralysie.

La Chine avait évoqué le même principe dans le cas du Darfour, où le gouvernement soudanais entretenait délibérément un climat de violence exposant sa propre population à des exactions perpétrées par les forces régulières.

L'intervention en Lybie s'appuie ainsi sur cette exigence morale de protection civile contre des exactions orchestrées par le gouvernement d'un Etat souverain.

Malgré cela, l'Union Africaine fustige le fait que les actions de l'OTAN aient largement dépassé leurs cadres opérationnels et visaient au contraire l'élimination physique du Colonel Kadhafi, acte qui dans l'esprit de la résolution onusienne, ne constitue pas une entreprise de protection des populations civiles, mais plutôt, un coup d'état international.

La même Union Africaine, souffrant pourtant elle aussi des mêmes maux, parle d'une politique de deux poids deux mesures, en évocation à l'analogie de la situation en Lybie à celle en cours en Syrie, où le gouvernement procède à des exécutions sommaires sans que l'ONU ne manifeste le même empressement pour intervenir militairement.

De tout ceci, il est de plus en plus évident que l'intervention militaire rwandaise de 1998 au Congo, a été perçue comme un acte d'auto-défense, une guerre par anticipation devant des groupes armés interhawme alliés du gouvernement de Kinshasa.

C'est ainsi que la présence de troupes rwandaises à Kisangani et à Cabinda, soit à plus de 1000 kilomètres au delà de leur frontière et de la zone d'activité habituelle des rebelles Hutu (le Kivu) faisait suite au fait que ces rebelles Hutus participaient aux opérations conjointes avec les forces alliés de Kinshasa (Zimbabwe, Namibie et Angola) et que leurs responsables politiques étaient logés à Kinshasa, avant d'en être expulsés suite à l'acte de désengagement commun des forces négatives et armées étrangères du Congo signé en 2002.

Cette brèche introduite par l'Administration Bush Junior, constitue ainsi la matérialisation des insuffisances de nos organismes supranationaux (Union Africaine, Nations Unies) dans leurs capacités à répondre de façon concrète et efficace aux nouveaux défis mondiaux liés à la paix et à la sécurité internationale.

Ces lacunes pourraient malheureusement emmener les Etats du monde à se relancer dans la course aux armements, créer un climat permanent de suspicion qui risque de voir les conflits mondiaux se généraliser, et prendre une ampleur telle que la troisième guerre mondiale pourrait opposer non pas une coalition d'Etats contre d'autres, mais plutôt être un émiettement de conflits armés et de mouvements insurrectionnels généralisés à l'échelle du Globe, avec l'incapacité pour l'Organe en charge de la paix et de la stabilité mondiale d'y mettre fin.

COMMENT TRUQUER DES ÉLECTIONS AVEC L'INFORMATIQUE ?

Sujet très controversé, surtout en Afrique où il a été mainte fois évoqué (Côte d'Ivoire, RDC, Benin), il est la résultante d'une idée accréditant la possibilité de tricher avec l'aide de l'informatique pour favoriser l'élection d'un candidat.

Répondre à cette préoccupation n'est pas aisée au vu de la multitude d'approches que peut adopter l'organe en charge d'un scrutin.

Car si le choix est opéré par un moyen électronique (Téléphone, Internet ou Machine à voter), les probabilités de manipulations sont nombreuses et des personnes mal intentionnées peuvent en effet influer sur le vote sans que des traces d'anomalies ne soient constatées.

Dans l'autre alternative, le vote manuel (papier) et qui utilise des moyens électroniques comme outils de traitement n'est pas lui aussi exempté de dysfonctionnements.

Le vote manuel étant le système de vote le plus répandu dans les pays moins développés, nous en analyserons les contraintes et sur base de plusieurs scénarios, les hypothèses pouvant conduire à une manipulation électorale assistée par des outils électroniques ou informatiques.

Les Machines à voter électroniques

Dans les pays à forte tradition démocratique, il s'est imposé dans la pensée des dirigeants politiques le souci évident de recourir à des systèmes qui répondent aux critères de fiabilité, d'accessibilité et d'économie. Car en effet, le vote manuel ou à bulletin papier pose un problème évident de coût (personnel pléthorique), de temps (élasticité du dépouillement et du décompte), d'encombrements (surabondance de documents papiers), etc.

Le recours à des solutions alternatives pour palier à ces carences avait donc longtemps émergé des esprits. Bien que les moyens électroniques soient apparus assez tardivement, le vote mécanique avait déjà commencé à être expérimenté dès 1869 aux Etats-Unis.

Les progrès scientifiques et techniques permirent d'en améliorer les formes et les procédés pour aboutir à des machines à voter qui sont largement utilisées aujourd'hui dans plusieurs pays.

Hormis les scrutins législatifs et présidentiels, les procédés de vote électroniques sont également utilisés par des parlements (pour voter rapidement des lois).

En République Démocratique du Congo par exemple, il a fallu près de 12 heures pour que la Chambre Basse (500 députés) élise son nouveau Bureau en 2009 (en votant sur papier).

Les Failles

Bien que résorbant un grand nombre de faiblesses des votes sur papier, les machines à voter électroniques ont révélé leurs perméabilités face à des intrusions ou à des accès non autorisés. Car il ne s'agit ni plus ni moins que d'ordinateurs qui à l'image de nos PC disposent des même caractéristiques (processeurs, mémoires, logiciels), qui peuvent être défaillants suite à des avaries techniques ou provoquées intentionnellement (piratage).

Plusieurs exemples de ce genre d'avaries ont été signalés dans plusieurs pays (Inde, Brésil, Belgique, Pays-Bas, France, Etats-Unis) et ont suscité un débat interne tout aussi bien des chercheurs que de la société civile sur les perspectives de ces technologies pour la stabilité démocratique.

Le Vote Papier et l'Assistance informatique

Dans d'autres pays, c'est le vote papier qui continue à être utilisé. Réputé plus intègre et fiable que l'électronique car étant à l'abri des aléas techniques, il n'en reste pas moins complexe (par sa lenteur et par les difficultés liées au traitement).

C'est dans ce contexte que l'Informatique intervient pour faciliter le traitement des opérations. En effet, les technologies informatiques et/ou électroniques n'interviennent généralement dans ce cas que pour:

- Le stockage des données
- L'archivage
- L'acheminement
- Le dépouillement
- La lutte contre la fraude (détection des doublons)

Rien donc visiblement qui puisse influer sur l'issue d'un scrutin à première vue. Cependant, la formulation de deux hypothèses peut remettre en cause cette assertion.

1ère hypothèse: la théorie conspirationniste

Dans cette hypothèse, on suppose que l'organe en charge du scrutin soit acquis à un candidat déterminé. Les stratégies pour que celui-ci puisse favoriser son poulain sans que cela n'éveille les soupçons seraient les suivantes :

- Faire une cartographie des zones hostiles au candidat favorisé. Dans ce cas, des anomalies importantes doivent se répercuter sur les kits d'enregistrements et les outils de traitement (lenteurs, plantages à répétition, bugs, sous-effectifs) afin d'amoindrir le nombre d'inscrits et réduire les chances des courants à l'encontre du candidat favorisé

- Simuler ou provoquer des perturbations à grande échelle dans les zones hostiles afin de paralyser l'acheminement des PV (congestion du réseau Internet et téléphonique)

- Concevoir des bulletins parallèles où les numéros d'ordre des candidats sont inversés ou modifiés. Cette donne est très importante surtout pour les électeurs analphabètes, qui se réfèrent souvent à ces numéros pour effectuer leurs choix.

- Omission d'électeurs sur les listes du fait du constat avéré par tous desdites défaillances.

- Fabrication de cartes d'électeurs factices (électeurs fictifs)

Remarque : une telle hypothèse est invraisemblable et si malgré tout elle était exécutée, friserait le ridicule et la tricherie à plein nez à cause des éléments suivants :

- Des anomalies sur les kits d'enregistrements et les outils de traitement (notamment dans des zones sensibles) pourraient retomber sur l'organe en charge du scrutin dont on mettrait en exergue l'impréparation et par là, susciter le doute sur sa crédibilité.

- La perturbation à grande échelle sur les infrastructures de télécommunication exposerait également l'organe en charge du scrutin, car, il n'aurait pas ainsi prévu des solutions redondantes (des procédures applicatives permettant de palier à l'indisponibilité des moyens de transmission). Celle-ci se traduit par l'existence de plusieurs canaux de communication de secours, pour parer à toute éventualité (lignes satellites secondaires par exemple).

- La fabrication de cartes d'électeurs n'est également pas judicieuse. Les partis, observateurs et les témoins des bureaux de vote ayant connaissance du nombre d'inscrits par bureau, ces électeurs fictifs ne pourraient voter dans des bureaux où seraient présent ceux-ci. Cela nécessiterait l'homogénéité d'esprits des personnes présentes au bureau de vote (notamment de ceux des autres candidats et observateurs présents (difficile à concevoir)

- En dernier lieu, la modification des PV se révélerait désastreuse car les observateurs et les partis, en supposant qu'ils collectent les mêmes données de tous les bureaux de vote dont une copie leur est réservée, remarqueraient les anomalies (les PV sur papiers ou les bulletins pouvant être consultés de nouveau). Ce sont ces écarts entre la réalité exprimée sur les PV des bureaux et la compilation des résultats finaux qui furent constatés lors des récentes élections ivoiriennes de novembre 2010.

Conclusion : cette hypothèse ne permet donc pas au trucage informatique de se réaliser pleinement car les anomalies seraient trop patentes. Les moyens informatiques ne devant que refléter la réalité transcrite sur papier (bulletin) par un traitement, un stockage durable et à l'acheminement (transport) des données.

Le cas ivoirien

C'est sur le point du transport justement qu'a reposé une partie de la contestation électorale ivoirienne. La société devant assurer la sous-traitance de cet aspect pour la Commission électorale indépendante, appartenait à un bras droit de l'ancien président Laurent Gbagbo.

Craignant une éventuelle manipulation, la Primature ivoirienne, hostile à l'ancien président, avait établi son propre centre de comptage automatisé pour s'assurer que les données transmises à partir de chaque circonscription électorale vers le siège de la commission électorale par cette société, seraient conformes à la réalité. La suite, tout le monde la connaît.

2^{ème}hypothèse : une intervention extérieure

Cette hypothèse repose sur l'action de personnes extérieures à l'organe chargé du scrutin et qui souhaiteraient faire influer le résultat en faveur d'un candidat donné. Sa démarche rejoindrait celle de la première hypothèse conspirationniste avec la seule différence, qu'à moins de complicités interne, de tels pirates ne seraient pas capables de modifier les PV à l'abri des regards, ou encore moins de trafiquer l'ordre numérique des bulletins.

Les dispositifs de sécurisation mis en place par l'organe en charge du scrutin (dispositif de détection d'intrusion, filtrage des liaisons utilisant Internet, scellés) suffisent à contrecarrer l'action d'une organisation extérieure.

Conclusion définitive

Contrairement au vote électronique, le vote papier assisté par ordinateur présente à ce jour moins de risques de fraudes liées aux procédés technologiques. La seule fraude qui y soit possible étant le tristement célèbre « *bourrage d'urne* ».

Quoi qu'il en soit, avec ce procédé, un « *Coup d'Etat Informatique* » n'est pas pour demain.

LE PREMIER CONCILE DE L'EGLISE CHRÉTIENNE

Tenu à Jérusalem vers l'an 49 de notre ère, le premier concile de l'Eglise chrétienne tire la cause de sa convocation sur le caractère universel du message chrétien.

Composée à cette époque de juifs hellénistes, mais également d'anciens pharisiens et de nationalistes de tout bord, l'Eglise est divisée sur l'admission des non juifs au christianisme sans que ceux-ci n'observent préalablement les observances rituelles juives (circoncision, abstention des mets impurs, etc.).

Les juifs convertis restaient encore très attachés à la Loi de Moïse car la considérant comme relevant du droit naturel, et l'exigeaient aux païens pour l'obtention du salut.

Entrant en contradiction avec l'apôtre Paul qui prônait le rapprochement avec les gentils sans leurs imposer des formalités rituelles qu'il jugeait désuètes, la convocation d'un concile s'avérait nécessaire afin de statuer sur cette question déterminante sur l'avenir de l'Eglise chrétienne.

Les résolutions de cette rencontre nous sont rapportées dans les évangiles suivants :

1) L'épitre aux Galates 2, 1-10

2) Les Actes des Apôtres 15, 1-35

De ces résolutions, se dégageront la primauté de la position adoptée par Paul. Néanmoins, certaines conditions sont imposées aux païens nouvellement convertis. Ceux-ci doivent s'abstenir:

- des repas offerts aux idoles
- de l'usage du sang
- de la viande étouffée et non saignée
- des unions illégitimes

JÉSUS : DIEU ROMAIN ?

L'historien chrétien Tertullien rapporte dans son ouvrage «**Apologeticum**» que l'empereur Tibère aurait proposé au Sénat de reconnaître la divinité de Jésus de Nazareth en tant que divinité au même titre que les autres dieux du panthéon.

Le panthéon étant à cette époque le temple consacré au culte de tous les dieux de l'empire romain. Le Sénat s'y serait opposé en vertu d'une loi interdisant l'introduction à Rome de cultes étrangers à la religion nationale romaine.

Tibère aurait vraisemblablement pris cette décision en fonction des divers témoignages que lui aurait transmis Ponce Pilate, procurateur de Judée, sur les circonstances entourant la condamnation de Jésus.

Tertullien est allé plus loin en affirmant que Tibère aurait cherché à imposer sa volonté par la force, or seul le Sénat était en mesure de "légaliser" un dieu afin d'en autoriser le culte public.

Déjà, des doutes auraient subsisté sur cette optique vu que la confusion entre christianisme et judaïsme était très forte à l'époque. A quoi bon déclarer un nouveau dieu juif puisque l'exercice du judaïsme était déjà autorisé ?

Bien que l'hostilité du Sénat fusse justifiée, il apparaît clairement à travers le récit de Tertullien, que César Tibère aurait été le premier empereur romain, bien avant Constantin le Grand, à avoir accueilli favorablement le message chrétien.

LE SYMBOLISME RITUEL DANS L'EXERCICE DE LA MAGIE NOIRE

Dans les milieux traditionnels africains, les sorciers se fédèrent au sein d'une caste d'initiés aux dénominations variées. Dans l'exercice de leurs pouvoirs, l'action symbolique joue un rôle central dans la commission du rite d'envoûtement, tout comme dans le cas contraire, celui du désenvoutement (exorcisme).

L'action consiste à conférer une valeur spirituelle à un objet, symbolisant la personne sur qui l'on projette de jeter un sort. Si le nommé Julien doit mourir par exemple, une poule est amenée dans la caste et porte symboliquement son nom. Les paroles rituelles prononcées sur le poulet signifieront que celui-ci devra grandir avec du sang appartenant à Julien. Il arrive ainsi que le dépérissement physique de Julien (maladie) coïncide avec la croissance du Poulet.

Dans le football africain, le procédé est similaire. On casse symboliquement la jambe du meilleur joueur de l'équipe adverse en brisant une branche ou un tronc d'arbre. D'autres cas plus fréquents sont ceux où un animal symbolisant une victime est porté devant un membre de la famille de celle-ci, animal, que ce membre de famille est censé tuer. Les témoignages de plusieurs enfants de rue en Afrique accusés de sorcellerie, attestent de l'existence de ce type de meurtre rituel.

Des éléments personnels autres que les animaux comme des vêtements, des mèches de cheveux, des ongles, la salive, voire même les urines, sont également utilisés aux mêmes fins.

AFRIQUE NOIRE ET RECHERCHE TECHNOLOGIQUE : NOUS N'ÉTIONS PAS PRÊTS

Les premiers fondements des croyances religieuses occidentales ont pour la plupart eu pour base, des concepts et des préjugés se basant sur les phénomènes naturels.

Les faits relevant de la nature ont toujours suscité dans les premières sociétés primitives les preuves de l'existence de forces dépassant l'entendement humain.

Ces croyances se sont confortées au fil des siècles et des millénaires, renforcées par la peur de l'après vie.

La pensée africaine primitive a également profondément été influencée par ces préjugés. L'homme Bantou a toujours vécu dans une logique de subsistance primaire et minimaliste, sans favoriser l'acquisition des biens et des richesses.

Le bantou typique du début du siècle dernier jouissait de la disponibilité des ressources naturelles, qui le dispensait de déployer des efforts ou une ingéniosité considérable pour les acquérir.

Cette prédisposition, renforcée et enracinée par les croyances ancestrales sur le périple des Hommes sur terre dans nos sociétés claniques ont annihilée la disposition au travail et à l'entreprenariat et handicapé l'essor industriel et économique, dans une ère où d'autres civilisations étendaient la leur.

Ce qui explique le fait que les sociétés Bantoues d'Afrique centrale se soient retrouvées moins avancées et à un niveau de développement rétrograde jusqu'à la fin du XIXème siècle.

Cette attitude passive face aux travaux lourds, susceptibles de favoriser un développement des infrastructures s'est ancrée dans la conscience collective et enracinée dans les coutumes.

Cette orientation fondée sur la satisfaction primaire a perduré jusqu'à l'arrivée des colons. La colonisation a en effet fortement atténué cet état d'esprit en introduisant notamment le travail forcé pour la construction des infrastructures et l'exploitation des ressources.

L'importation des produits manufacturés dont l'acquisition était liée à l'argent a également contribué à atténuer ce comportement existentiel.

Pourtant, cette tare était toujours enfouie dans la conscience collective. Les débuts de l'industrialisation et de la modernisation de nos sociétés ; à la lumière occidentale ne contribuèrent qu'à créer deux clivages : celui d'une métropole dominante, imposant son style de vie près des peuples colonisés, et celui des populations autochtones, gardiennes des traditions ancestrales qu'elles préservent de l'intrusion de la culture et de la pensée occidentale.

L'émergence tardive d'une élite noire capable de s'approprier des mutations introduites par l'industrialisation n'a fait que pérenniser cet état d'esprit au sein des populations autochtones.

Cette résistance culturelle a été accentuée par l'éclosion des mouvements nationalistes noirs qui prônaient le rejet du modernisme, interprété comme une acculturation, et le retour aux concepts et modes de vie ancestraux.

Les ténors de ces concepts actuellement, nombreux au sein des églises afro-chrétiennes, affirment même la supériorité manifeste des noirs à travers la détention d'un pouvoir ésotérique lointain remontant aux périodes précoloniales qu'ils leur auraient été subtilisé par les Blancs et utilisé par ceux-ci dans les innovations technologiques contemporaines !

Cette vision atypique de la science se réalise dans ces mouvements sectaires ou traditionnels par une vision raciale de l'histoire, séquelles des brimades et autres persécutions auxquelles elles eurent à faire face durant la colonisation occidentale.

Dans ces communautés, ou du moins pour celles qui se sont érigées en églises et ont obtenu un statut légal dans leur pays, l'adoption des moyens de communication qu'offrent les nouvelles technologies notamment l'Internet, ou plus loin encore celles des technologies de transmission analogique et numérique comme la télévision ou la Radio, se sont faites après multiples hésitations et n'ont pas rencontré l'assentiment de l'ensemble des fidèles.

Loin de devenir un facteur de développement, l'industrialisation et le modernisme ont été interprétés par les peuples colonisés comme une imposition du modèle occidental, dont la nécessité était certes reconnue de tous, mais pourvu d'un rôle qui servait selon la pensée collective des masses, à asseoir la culture occidentale au détriment de celle des autochtones.

Ce type de vision fut commune à toutes les sociétés aussi bien pré que post-coloniales qui n'ont pas connu l'expérience de la transformation graduelle et structurelle intervenue dans les sociétés occidentales dans l'ère de l'industrialisation.

L'aboutissement de ce processus d'industrialisation a cheminé en occident par plusieurs étapes. Celle-ci s'etait également butée à des préjugés analogues.

Les périodes post-coloniales ont été déterminantes pour l'essor technologique et industriel. Etant dépeintes comme des voies inexorables vers le progrès, elles ont été retenues dans les politiques de développement des pays nouvellement indépendants.

Certains pays ont su adapter ces facteurs dans leur politique de développement notamment par le transfert technologique. Malgré cela, l'Industrie, mais principalement la technologie ont toujours été confrontées à des préjugés dans les pays d'Afrique noire.

Plusieurs théoriciens du développement comme Lawrence Harrison ont interprété le sous-développement à un état d'esprit.

Cet état d'esprit est fonction d'une vision et d'une perception subjective du monde. Chez ceux qui en sont animés, la richesse manque d'explication matérielle et est nécessairement' le fruit de forces mystiques ou magiques.

Cette vision stéréotypée de la richesse sur un continent où règnent misères, paupérisations, corruptions, a fait éclore une litanie de mythes conspirationnistes ourdies par des sociétés sécrètes (Homosexuels, confréries, sectes) et a également été collée à la technologie.

Cette dernière est donc perçue par une majorité de peuples comme étant issue du monde mystique. Il est étonnant de relever que les ténors de cette pensée n'excluent pas malgré cela le recours à celle-ci.

Toutefois, l'appropriation et le développement technologique par des élites locales sont synonymes de recours à des procédés et rites magiques.

Utiliser la technologie serait donc utile, c'est même une nécessité ; mais vouloir se l'approprier en la modelant à ses besoins via la recherche, comporte pour la ou les personnes qui s'y lancent un recours au mysticisme afin d'atteindre leur but.

Cette pensée annihile la capacité créatrice de l'Homme et freine l'émergence de la recherche scientifique. C'est ainsi que par peur, de jeunes africains de nos contrées n'embrassent pas le domaine de la recherche, de peur de se retrouver prisonnier d'une organisation maçonnique ou satanique !

Dans cette situation, l'on aura beau discourir sur le développement de nos pays, sur leur essor, mais malgré cela, toutes les politiques nationales de développement qui s'articuleront sur l'essor industriel et technologique resteront lettres mortes, faute d'une expertise suffisamment qualifiée pour se lancer dans la recherche appliquée.

La Chine avec ses quelques 6 millions de chercheurs en épate plus d'un aujourd'hui. Quand à nos pays, où ces communautés faute de moyens se reconvertissent à autre choses ou découragées émigrent en Occident, nous n'atteindrons pas de sitôt le décollage effectif de nos sociétés, sans oublier que la véritable cause de notre sous-développement en la matière est avant tout *mental*.

INCIDENCES PSYCHOSOCIOLOGIQUES DES LOISIRS ÉLECTRONIQUE DANS L'USAGE DES TIC PAR LES JEUNES EN AFRIQUE SUBSAHARIENNE

Les actuels politiques d'intégration des TIC souffrent d'une carence dans la prise en compte de l'impact structurel et sociologique de certains médias alternatifs dans la vulgarisation et l'usage des TIC, notamment sur le continent africain.

Le monolithe classique dans ces politiques mis en œuvre par les télécentres et autres structures d'accès publics se focalisent sur des usages conceptualisés comme "utiles" et "productifs".

L'orientation des recherches se sont longtemps tournées sur ces voies et ont laissé peu de place à l'analyse d'autres voies alternatives à la vulgarisation des TIC.

De nos jours, de nouvelles théories voient le jour et établissent des liens de cause à effet entre une meilleure appropriation des TIC par les utilisateurs des technologies alternatives tels que les réseaux de socialisation sur Internet (généralement les blogs) et les utilisateurs des jeux vidéos d'une part; et les utilisateurs traditionnels des TIC d'autre part.

Concernant les jeux vidéo, l'expansion et leurs influences sur les jeunes suscitent de nos jours plusieurs controverses.

Dépeint dans l'imaginaire populaire comme un divertissement prisé par les moins jeunes, ce média se fait facteur non seulement de bouleversements dans notre vie quotidienne, mais aussi il constitue un vecteur de socialisation.

Ces bouleversements sont tellement significatifs et durables de par leurs empreintes qu'aujourd'hui; les jeux vidéo sont considérés comme le dixième art après la bande dessinée et la télévision.

Les détracteurs des Jeux vidéos façonnent une conception linéaire de causalité entre l'objet technique et la société en l'illustrant par des cas d'apologies de la violence, la baisse des performances scolaires, professionnelles ou intellectuelles de ces pratiquants; tandis qu'en aval, ceux qui en justifient la pratique arguent d'une structuration logique de la pensée qui se façonne dans l'esprit des joueurs par l'acquisition des réflexes et d'autres concepts comme la détermination ou la dextérité.

Cependant, la pratique des jeux vidéo est loin de ressembler à celle des pays où certains jeux seraient la cause de la violence chez les jeunes ou d'une élévation du stress et de la fatigue intellectuelle.
Hormis certaines caractéristiques communes aux joueurs du Nord et du Sud comme la solidarisation ou l'intégration à une communauté identitaire, l'initiation et la pratique des jeux est un phénomène de contagion, à travers lesquels bien de gens (les jeunes surtout) en sont arrivés à s'adonner de façon naturelle à une utilisation généralisée des TIC.

Cette corrélation entre la pratique du jeu et l'utilisation des TIC a été notamment mise en exergue par les travaux de Beth Kolko de l'Université de Washington (USA).

Selon ces recherches, l'approfondissement des connaissances des utilisateurs sur les TIC est beaucoup plus significatif dans la catégorie des personnes pratiquant les jeux sur ordinateurs.

Les télécentres n'offrent dans la majeure partie des cas qu'un accès à leurs services suivant certaines normes considérées comme intangibles et situant l'utilisation des TIC dans un cadre traditionnel ou classique (Accès à Internet, formation, communication, messagerie, etc).

Il est très souvent prohibé la pratique d'usages non conformes à ces normes, la pratique des jeux vidéo en est un cas.

Pourtant, il est à noter un développement progressif et rapide de plusieurs qualités et aptitudes propices à l'usage des TIC comme la maitrise du clavier, la connaissance des systèmes d'exploitation, de la structure des fichiers, des caractéristiques physiques des cartes graphiques et autres.

Ces aptitudes remarquées chez les utilisateurs des jeux pour ordinateurs se confirment également chez les utilisateurs des jeux en lignes, qui possèdent également des notions poussées sur les technologies web (navigateurs, applets, cookies, IP, sessions) sans pour autant avoir connu un apprentissage particulier de l'informatique.
Ces qualités ne doivent pas être appréhendées comme une fin en soi tel que souligné par Beth Kolko. Les télécentres et autres structures d'accès privilégient l'accès aux TIC comme un instrument de productivité et d'utilité.

Ces centres favorisent des activités comme la bureautique et autres activités analogues jugées utiles. Cependant, elle fait remarquer que très souvent; les jeux sont des facteurs déclencheurs qui attirent l'attention des plus jeunes à l'informatique, puis peu à peu, avec le temps, les entrainent progressivement à une utilisation généralisée des aspects dit "utiles" des TIC.

Les Jeux Vidéos et autres usages des TIC

L'interaction créée entre la machine et le joueur développe des capacités mentales que l'on ne rencontre pas avec d'autres médias comme la Télévision ou la Radio dont on en consomme passivement la production.

Il n'est ainsi pas rare de voir certains parents préférer que leurs enfants s'activent devant un ordinateur plutôt que de végéter devant la télévision.

De par la sociabilité qu'ils créent, ils procurent une immersion de ces joueurs dans la société. Pour les adolescents par exemple, qui sont à des périodes de leurs vies caractérisées par l'affirmation ou la recherche de leurs individualités propres, distinctes du cercle familial; les jeux à certains égards jouent un rôle éducatifs auprès des jeunes (jeux patriotiques, jeux de société, jeux de réflexion, etc).

Le Mathstermind Network en Afrique du Sud, a par exemple développé un jeu sur téléphone mobile destiné à l'apprentissage des mathématiques pour les jeunes filles. D'autres jeux à caractère socio-éducatif voient également le jour sous d'autres continents, et permettent d'apprendre tout en s'amusant; une caractéristique dont sont dépourvus d'autres médias ne disposant pas d'une véritable interactivité comme la Télévision ou la Radio.

La Violence et le Stress

Des stéréotypes sur l'usage enfantin des jeux sont encore très vivaces, particulièrement sur le continent africain. D'autres facteurs dépeignant les jeux comme un potentiel facteur de violence, ce au vu de la répercussion de certains jeux en Europe n'améliorent pas cette image.

En Afrique, la violence est effectivement perçue dans certains jeux, mais son effet est limité par le simple fait que les joueurs ont accès aux jeux qu'ils ont l'habitude de pratiquer ou de voir pratiquer.

Il s'opère ainsi un filtrage de cette violence par le monopole des jeux plus connus et classique dont notamment le Football.

Les cas observés en République Démocratique du Congo dénotent néanmoins un usage courant des jeux de combat et dont les pratiquants assidus ont été ou sont pour certains des pratiquants des arts martiaux.

Mais malgré ce fait, les dérapages sont quasi-inexistants et ces jeux n'exercent aucun changement significatif dans le comportement ou la personnalité de leurs pratiquants.

Étant appréhendés dans un premier temps comme un moyen ludique, ils favorisent au contraire une sociabilité plus grande qui annihile animosité ou bellicisme entre les joueurs. Voici là un exemple concret d'une démarcation faite par un support virtuel sur une pratique réelle.

Conclusion

La politique générale d'intégration des TIC n'a pas été plurielle mais sectorielle et à éludé l'avantage qu'aurait pu offrir un usage contrôlé et régulé des loisirs électroniques dans la pénétration et l'usage de ces technologies sur le continent africain.

Non seulement que leurs impacts psychosociologiques peuvent se révéler complémentaires aux efforts d'éducation permanente et de formation citoyenne telle que dans la sensibilisation contre le VIH SIDA; mais elle constitue également un catalyseur sur une utilisation avancée d'autres services des TIC.

Dans nos sociétés en pleine transformation structurelle, les jeux vidéo accentuent deux tendances :
Ils sont un moyen dont la pratique façonne une communauté de semblables et à la fois un facteur de cloisonnement qui peut être perçue comme un isolement du cercle familial, mais qui très souvent est une matérialisation de la personnalité de l'individu en quête d'une autonomie et d'une recherche identitaire.

Aujourd'hui méconnue ou décrié en Afrique faute d'acteurs impliqués dans l'orientation de cette thématique dans les schémas de développement; les jeux vidéos constituent si leurs usages et leurs productions sont orientées en un sens précis (sensibilisation, formation, information), un moyen ludique et distrayant de former et d'informer les peuples; tout en favorisant tacitement de la part de ces derniers, une intensification dans l'utilisation des TIC.

Je suis même persuadé et les travaux de Beth Kolko tendent au même constat, que les jeux vidéo constituent un facteur de propagation et de pénétration des TIC en général, beaucoup plus efficace que n'importe quel autre mode de vulgarisation.
Leur côté enchanteur, visuel, interactif et ludique; constituent des atouts beaucoup plus attractifs et fascinants pour les novices que l'auraient été en comparaison des dizaines de séminaires.

Si Barack Obama les a utilisé à des fins civiques pour informer les électeurs sur les procédures d'enrôlement; ou encore de ces jeux diffusant des messages sur la prévention contre le SIDA; qu'est ce qui empêcherait d'user de cette technologie tout en lui conservant son aspect ludique en l'orientation à des fins éducatives ou citoyennes.

Et enfin, comme décrit par plusieurs analystes spécialisés dans la sociologie des communautés virtuelles, la technique et la société se trouvent liées dans un dialogue permanent qui fait du premier un écho actif et réactif au second, dans la mesure où la technique tout en se banalisant s'impose.

Comme le walkman ou la télévision, décriés lors de leurs apparitions, les jeux vidéo soulèvent aujourd'hui des controverses similaires qui s'atténueront avec leur progressive banalisation.

NOS ORGANES ONT-ILS UN CERVEAU ?

Selon une perception populaire très vivace, l'on attribue aux organes du corps humain, principalement le cœur, une capacité de stockage mémorielle, sorte d'identité génétique dupliquée à partir du cerveau. Ce type de mémoire cellulaire se retrouverait également présent dans le sang ainsi que dans d'autres organes comme les intestins. C'est pour ces raisons que des multiples personnes refusent de recevoir une greffe du cœur ou encore une transfusion sanguine, car selon elles, le cœur greffé ou le sang injecté contiendrait l'expérience psychologique du donneur.

La communauté religieuse des Témoins de Jéhovah soutient depuis plusieurs années ces théories et défend ses membres de recevoir en transfusion du sang, même si provenant d'une personne familière, car selon eux, c'est le comportement de ces donneurs, qui se transposeront chez la personne réceptrice.

Des milliers de témoignages à travers le monde, prouvent qu'une grande majorité des personnes ayant subi une greffe d'organes changent d'habitudes et de centres d'intérêts immédiatement après l'intervention. Bien que la communauté médicale soutienne ces changements par l'effet des immunodépresseurs et autres médicaments anti-rejets utilisés durant ces opérations, bien des cas ont eu à démontrer que certains patients, ayant pu remonter la trace de leurs donneurs, avaient adopté les habitudes et des comportements propres à ces derniers.

Les arguments en faveur de cette théorie sont par exemple ceux développés dans l'ouvrage de Claire Sylvia « Mon Cœur est un autre » aux Editions Lattès.
Dans cet ouvrage, l'auteur, une américaine, ayant subi une greffe du cœur et des poumons raconte outre son expérience personnelle, celle d'autres personnes ayant

subi une greffe et qui avaient par la même occasion, hérité des souvenirs et des comportements de leurs donneurs.

De la phobie pour l'eau développée par une personne greffée dont le donneur mourut noyé et tant d'autres témoignages extraordinaires sur les expériences post-chirurgicales endurées par des personnes ayant reçu une greffe d'organes.

Ce débat suscite répulsion auprès de plusieurs personnes et tend à décourager cette pratique médicale dans le monde. Qu'adviendrait-il si l'on se faisait greffer avec l'organe d'un assassin, d'un obsédé ou d'un malade mental?

Même si dans certains pays, certaines lois restreignent le prélèvement d'organes de personnes déséquilibrées ou d'exclus sociaux, il n'en est pas de même dans le marché du trafic d'organes où la traçabilité est très difficile.

AUX ORIGINES DE LA NÉGRITUDE: L'IDÉALISME EUROPÉEN FACE À L'HISTOIRE DE L'AFRIQUE NOIRE

La pensée idéaliste a fait le tour des écoles classiques occidentales et a été durant des siècles la référence identitaire de l'Europe par rapport aux autres nations du monde.

Cette pensée, ce courant, a forgé l'attitude et le comportement des nations européennes à tel point que beaucoup d'auteurs n'ont pas hésité de parler *d'eurocentrisme*, entendant par là une vision et une compréhension du monde propre aux européens.

Cet eurocentrisme, a longtemps baigné dans l'assimilation et l'érection des préjugés en vérités scientifiques inéluctables qui ne supportaient que très peu sinon pas la contrariété.

Ce qu'aujourd'hui l'histoire moderne qualifie de mythe fut à l'époque renforcée et inculturée pour justifier de la moralité d'actions que le bon sens aurait de nos jours rebuté.

La malédiction de Cham par exemple, que de fervents théologiens et historiens ont attaché à la lignée des noirs pour justifier leur servitude éternelle à une époque où l'esclavage battait son plein en est une illustration. Cette justification de la traite n'a été en rien le fait des négriers, mais est plutôt sortie de l'imagination féconde de quelques têtes « *bien pensantes* » de l'époque, que la traite enrichissait.

La Force du Mythe

Mais comment pareille absurdité a-t-elle pu perdurer aussi longtemps et dépeuplé tout un continent avec toutes les atrocités qui s'en sont suivies ?

L'Ignorance est un premier élément de réponse pour un continent sous exploré dont les européens en dehors des descriptions faites par quelques explorateurs et commerçants, ne connaissaient pas grand-chose.

Le récit de l'Afrique et des africains n'était révélé que par ce que les esclavagistes, soucieux de garder leur position d'intermédiaires, pouvaient bien révéler. La carte géographique faite par Bourguignon d'Anville de 1749, illustre bien cet état de chose par l'indication de fauves, de nymphes, d'arbres et de créatures étranges peuplant l'intérieur du continent.

La traite constituait le seul et l'unique intérêt que les européens portaient à ce continent que le Bon Dieu dans sa divine providence avait assujetti à une servitude éternelle du fait de la déchéance de leurs habitants originels. Jamais dans l'Histoire de l'Humanité on ne vit de pareilles horreurs. Comme le note Charles de la Roncière, un continent se vidait peu à peu dans un autre par une saignée sans fin.

Durant toute la période de la traite, l'opinion européenne a été réconfortée par les mythes réconfortants et déculpabilisant.

Le courant insufflé par la Renaissance dans tous les domaines du savoir et qui était, censé libérer l'esprit critique des dogmes préétablis, n'a pas eu l'effet souhaité sur l'analyse et la perception des Européens face aux Noirs.

Dans son ouvrage « Voyage des îles carmecones », Maurice de Saint Michel apporte son « **eau** » au moulin en ces termes « *Disons que cette nation porte sur le visage une malédiction temporelle et est héritière de Cham dont elle est descendante. Ainsi, elle est née pour la servitude éternelle* ».

L'autre citation est du Père Dutertre qui cherchant à justifier la prétendue malédiction affirmait : « *Je ne sais pas qu'a fait cette malheureuse nation, à laquelle Dieu a attaché comme malédiction particulière et héréditaire, aussi bien que la noirceur et la laideur du corps, l'esclavage et la servitude. C'est assez d'être noir, pour être pris, vendu et réduit à l'esclavage par toutes les nations du monde* ».

Le philosophe Humes (1711 – 1776) : « *Je suspecte les nègres d'être naturellement inférieurs à la race blanche. Il n'y a jamais eu de nation civilisée d'une autre couleur que la race blanche, ni d'individus illustres par ces actions ou par sa capacité de réflexion. Il n'y a chez eux ni engins manufacturés, ni art, ni science. On n'a jamais découvert chez eux le moindre signe d'intelligence.* »

Le philosophe Montesquieu (1689 – 1755) : « *Ceux dont il s'agit sont les Noirs depuis les pieds jusqu'à la tête, et ils ont le nez si écrasé qu'il est presque impossible de les plaindre. On peut se mettre dans l'esprit que Dieu, qui est un Etre très sage, ait mis une âme, surtout une bonne, dans un corps tout noir....une preuve que les nègres n'ont pas le sens commun.......il est impossible que nous supposions que ces gens-là soient des hommes, parce que si nous les supposions des hommes, on commencerait à croire que nous ne sommes pas nous même chrétiens. De petits esprits exagèrent trop l'injustice que l'on fait aux africains : car si elle était telle qu'ils le disent, ne serait-il pas venu dans la tête des princes d'Europe, qui font entre eux des conventions inutiles, d'en faire une générale en faveur de la miséricorde et de la pitié.* »

Le Philosophe Hegel (1771 – 1830) : « *l'Afrique...(...)...Ce continent n'est pas du tout intéressant du point de vue de sa propre histoire, mais dans le fait que nous voyons l'homme dans un état de barbarie et de sauvagerie qui l'empêche encore de faire partie intégrante de la civilisation. C'est le pays de l'enfance qui au-delà du jour de l'histoire consciente est enveloppée dans la couleur de la nuit. Elle n'a donc pas, à proprement parler une histoire.*»

Ce petit passage évoqué par Hegel rappelle un discours similaire et contemporain, prononcé en Juillet 2007 par le Président français Nicolas Sarkozy à l'Université Cheick Antha Diop de Dakar au Sénégal.

Je ne saurais aller trop loin tant la multitude de récits analogues sont légions et heurteraient le bons sens. En ne reprenant que les citations des quatre précédents penseurs, il est à noter une absence totale de documentation sur les groupes cibles de leurs réflexions.

Il est tout de même étonnant que l'absence de rigueur scientifique et intellectuelle ait caractérisé ces ténors des Lumières.

L'argument de Montesquieu est-il sensé sur l'assise chrétienne de la traite alors que ceux qu'ils qualifiaient alors de « petits esprits » fussent issus pour la plupart de la Franc-maçonnerie anticléricale alors sujette à de préjugés, qui pourtant y voyait une souillure?

Comment ces esprits éclairés qui étaient réputés si perspicaces, si critiques, si méticuleux dans leurs raisonnements, en étaient-ils arrivés à aussi peu de jugeote et de discernement dans le cas spécifique relatif aux Noirs?
Cette référence à une attitude barbare, rétrograde et attardé des Africains, est-elle nouvelle dans l'Histoire?

Ne se rappelle-t-on pas que les Grecs de l'Antiquité qualifiaient de « barbares » tous les peuples qui n'étaient pas comme eux.

Les Romains, civilisés à la culture grecque n'eurent-ils pas la même appréhension envers les envahisseurs indo-européens qui conquirent l'Empire Romain d'Occident et qui, constituent la population européenne d'aujourd'hui?

La barbarie est elle donc une absence de culture, d'art, de progrès scientifique tels que l'affirmaient ces philosophes ?

Le Pseudo – Humanisme

Au 19ème siècle, la distinguée Société Ethnographique de Londres arrivait à donner corps à la pensée civilisatrice que l'Europe se devait d'accomplir dans le Monde supposé Sauvage.

Elle se basait sur les récits du capitaine Richard Burton, explorateur britannique à la solde des puissances colonisatrices, qui affirmait que l'Afrique n'avait pas quitté le stade primitif et que sa situation désespérée requérait l'action civilisatrice du monde évolué.

Ce pseudo - humanisme, compatissant envers ces grands enfants retardés qu'étaient à leurs yeux les Africains, étaient le fruit d'une vision fantaisiste s'arc-boutant sur le principe des 3 C : Commerce – Christianisme – Civilisation, qui étaient les seuls vrais piliers de l'action extérieure des puissances de l'époque.

L'avènement du 20ème siècle a vu l'émergence d'auteurs réfutant les mythes sur les noirs.
Les thèses de Hume, Kant et Hegel ont été relayées à l'arrière garde de l'Histoire et ne constituent aujourd'hui que l'apanage sporadique de quelques mouvements sectaires issus de l'extrême droite européenne.
Ces auteurs démontrent non seulement que le Noir est capable de Morale, qualité qui lui fut dépourvue par Hegel particulièrement, mais également de valeurs culturelles, voire de Civilisation.

La publication du Livre du Père Placide Tempels « **Philosophie Bantoue** » a été un tournant qui a porté un coup dur aux ténors des préjugés sur les noirs en réhabilitant les noirs dans leur dignité « d'être ».

C'est dans ce sens qu'il faut comprendre la naissance du Mouvement de la Négritude, qui loin des soubresauts de la Violence qui eurent à l'agiter à travers certaines tendances fondamentalistes, constitue un mouvement qui incarne et véhicule les valeurs culturelles des civilisations négro-africaines à travers les âges.

Le relativisme culturel à la base de cette remise en question des mythes idéalistes constitue à n'en point douter au vu des changements structurants qu'il apporta, une seconde Renaissance ; qui cette fois ne libéra pas la Raison du Dogme, mais discerna le Dogme de la Raison.

LA SORCELLERIE EN AFRIQUE : UNE CROYANCE TENACE

Eternelles que sont les interrogations que suscitent ce sujet dans les sociétés africaines. Reflet des multiples réalités anthropologiques et sociologiques auxquelles fait face le continent africain et qui pèse lourdement dans son héritage culturel ; la sorcellerie hante constamment les esprits, annihile la pensée créative et est à la source même de la méfiance des africains envers la science en général et la technologie en particulier ;

Dans ce faisceau de croyances héritées d'une tradition omniprésente ; l'intelligence devient captive, la volonté perd tout le sens de créativité et les efforts sociaux, communautaires, l'émulation scientifique, sont tous pris au piège de l'envoûtement possible.

Dans ce contexte, l'ennemi est censé être parmi les plus proches, dans l'entourage immédiat des personnes se sentant victimes d'un sort. l'éducation traditionnelle africaine a colporté dans le subconscient des mentalités africaines, une atmosphère de méfiance à l'égard d'abord de la nature, qu'elle considérait comme véhicule des esprits mauvais, et envers le progrès technique, qu'elle assimile à un savoir ésotérique, extérieur, étranger, auquel le noir ne pouvait s'associer ; de peur d'entrer en conflit d'harmonie avec l'héritage cosmique, la force vitale des ancêtres.

C'est ainsi que bien que perçue comme une nécessité pour le progrès; la science et la technologie en Afrique restent pour beaucoup un domaine relevant de l'occulte, un terrain où ceux qui s'y adonnent sous l'angle de la recherche, sont initiés à un savoir ésotérique qui fait d'eux de grands sorciers.

L'histoire politique africaine regorge de rumeurs selon lesquelles de grands savants africains, après avoir accompli de grandes prouesses scientifiques, avaient au nom de leurs pactes diaboliques, sacrifié sur l'autel de la sorcellerie qu'ils servaient, des membres de leurs familles, des proches parents, leurs propres enfants, avant de passer eux même de vie à trépas.

LA CRYOGÉNISATION : LA QUÊTE DE LA VIE ÉTERNELLE

La cryogénisation à ne pas confondre d'avec la cryogénie, est une technique servant à congeler des personnes vivantes ou décédées et de les réveiller plusieurs années plus tard, en gageant sur les progrès techniques et médicales pour procéder au réveil des congelés.

L'idée de cette quête pour l'immortalité a séduit un bon nombre de personnes qui croient avoir découvert la clé de l'immortalité physique.

La Cryogénisation est donc pour l'heure une initiative qui se base sur l'espérance de l'évolution des recherches en techniques de régénération cellulaire entre autres et d'autres procédés destinés à découvrir la clé du ralentissement du processus de vieillissement.

Souhaiter être congelé demande donc une confiance dans la science de demain, dont on table sur les progrès pour procéder au réveil des personnes préservées.

Ces « *immortalistes* » prenant la science et la technologie comme leurs alliés précieux entrent en conflit ouvert avec les spiritualistes, pour qui seule l'âme est l'élément immortel de l'être humain et non le corps charnel comme prôné par les partisans de l'immortalité biologique.

« Les recherches menées par les gérontologues pour percer les mystères du vieillissement sont un obstacle important à la pérennité du fait religieux car elles donnent aux hommes la sensation qu'ils peuvent se passer de Dieu et vivre

éternellement sur Terre », confie Kady Bonso, chercheur congolais en parapsychologie.

Ayant déjà été pris à parti à maintes reprises pour avoir étouffé la marche vers le progrès scientifique, l'Eglise chrétienne observe d'un œil réservé l'essor de cette nouvelle quête humaine qui risque si les recherches actuelles aboutissaient, à ébranler ses fondements et remettre en cause sa propre existence.

Cet engouement effréné de l'Homme pour la recherche de l'immortalité biologique, une nouvelle quête du Graal, de même que le clonage génétique, inquiètent plus qu'elle ne rassure les anthropologues et observateurs des faits sociaux sur le fait que les sociétés actuelles n'aient dans un sens, enclenché, *une déshumanisation de la vie*.

UFOLOGIE OU LA PSEUDO-SCIENCE DES OVNIS

La période de l'après-guerre aux Etats-Unis est caractérisée par l'éclosion d'une nouvelle anxiété que le spectre grandissant de la Guerre froide n'avait pas réussi à dissiper. Après l'incident de Roswell, considéré comme le début de « la vague d'envahissement extraterrestre », des multitudes de récits de par le monde, font état d'apparition de ces objets volants non identifiés « Ovni », preuve selon plusieurs que des habitants d'autres mondes, dotés d'une technologie sophistiquée, tenteraient par tous les moyens d'entrer en communication avec les terriens.

Les défenseurs de cette théorie sont appelés les Ufologues, qualificatif dérivé du mot UFO «Unidentified Flying Object » qui n'est rien d'autre que la traduction anglaise d'Ovni.

Des récits innombrables, ainsi que des documents audiovisuels semblent accréditer la thèse d'une forme de vie extraterrestre affirment les ufologues. Sinon, pourquoi expliquer le tabou des autorités (américaines surtout) dans la divulgation de certaines informations relatives à des procédés technologiques non humains utilisés dans l'Armée?

De leur côté, les détracteurs tendent à expliquer que la plupart des révélations des ufologues sont des trucages réalisés pour focaliser l'attention du public sur ces théories. Des centaines de photos, réalisées par des petits malins suspendant des vaisseaux miniatures à des arbres ou lançant des enjoliveurs de voitures sont ainsi légions.

Le gout du sensationnel, mais également le désir de renommée, a lancé de milliers de plaisantins et d'escrocs dans la chasse aux ovnis. S'il y'a un demi siècle, la photo d'une Ovni aurait rapporté des milliers de dollars et une couverture médiatique assurée pour ces chasseurs d'extra-terrestres, les technologies informatiques d'aujourd'hui rendent la tâche de ces vendeurs d'illusions très ardue, et ont permis de réduire sensiblement le nombre de trucages.

Ces innombrables canulars extraterrestres seraient-ce alors une preuve de l'inexistence du phénomène? l'Ufologie ne serait-elle donc pas une pseudo-science, apanage des escrocs et de charlatans ?

Mais alors, il serait difficile d'expliquer d'autres récits à l'extérieur des Etats-Unis, ou l'observation de ces Ovnis fut collective. En mars 1992 dans l'ex Zaïre, les habitants du Quartier Mbanza Lemba, dans la Ville de Kinshasa, ont assisté pendant une demi-heure au survol et au crash présumé d'un disque volant décrivant un mouvement circulaire dans la nuit étoilée avant de piquer sur le sol et s'écraser provoquant une onde de choc qui se fit ressentir jusque sur le site de l'Université de Kinshasa très proche. Les Autorités de l'époque ont étouffé l'affaire qui ne fut jamais évoquée en public.

L'Ufologie devra à l'instar d'autres domaines de la parapsychologie, rassurer ses détracteurs par une méthode de recherche plus rigoureuse en lieu et place de la simple observation des faits (photos, vidéos) qui l'expose aux canulars et exige d'accumuler de preuves crédibles en nombre pour mériter d'être une science.

L'Enfer du Jeu

Voici quelques années que la République Démocratique du Congo amorce timidement, une reprise de sa croissance économique. Même si ces indicateurs ne se bornent jusque là qu'à des agrégats macroéconomiques (maitrise de l'inflation, diminution du déficit et des effectifs publics, etc.); la situation au niveau microéconomique, concernant directement l'évolution et le comportement des ménages, est encore précaire.

Si les indicateurs globaux s'améliorent, le congolais lambda est encore affligé par la précarité dans plusieurs domaines : emploi, santé, éducation notamment. L'Histoire nous apprend qu'un tel contexte de crise est généralement favorable pour voir émerger des opportunistes qui, profitant de ces malaises, tirent leurs épingle du jeu. C'est dans ce cadre qu'il faudrait assimiler la prolifération et le succès croissant des jeux de hasard, dans les pays économiquement sinistrés.

En RDC, ce sont actuellement les paris sportifs qui ont pignon sur rue. Grand amateurs de football, les congolais ont ainsi vu plusieurs sociétés spécialisées dans ce business, s'installaient en leur proposant de parier les maigres gains qu'ils thésaurisent ou épargnent, en pronostiquant sur l'issue des matchs de football. Kinshasa, mais aussi, plusieurs villes du pays où sont très actives ces sociétés, affichent un contraste étrange, avec des jeunes et des adultes, devenus supporters de grands clubs européens, uniquement par le simple fait que ceux-ci leurs procurent, après avoir parié sur leurs prestations, des dividendes substantielles.

Il n'est pas ainsi étonnant de voir à Kinshasa, des comités de supporters du Real Madrid et de Barcelone, comités qui n'existaient pas il y'a deux ans, mais dont la création est motivé par le lucre. Ces comités circonstancielles en sont mêmes venus jusqu'à transposer l'antagonisme légendaire des deux clubs espagnols au niveau local, à tel point qu'il arrive souvent que sans que le Real et le Barça n'en soient informés, des rixes se produisent souvent entre leurs « sympathisants non espagnols » à près de 8 000 kilomètres du Camp Nou et de Santiogo Bernabeu.

La Liga espagnole, surmédiatisée et l'importance donnée en terme de quotes et de dividendes aux deux clubs espagnols sont à la base de ce déracinement des supporters congolais actuels qui, souvent pour un rien, se querellent entre eux ou en viennent aux mains pour défendre leurs clubs favoris.

Cependant, cette situation est, au-delà des échauffourées qu'elle occasionne, source de désagrégation sociale. Caractéristique commune des jeux d'argent, la dépendance à ceux-ci conduit à des situations dramatiques : endettements, vol, tensions familiales, pour ne citer que ceux-là. Pourtant, les congolais à la mémoire courte auront vite fait d'oublier que les jeux d'argents ont, à une époque marquée par une situation politique explosive, contribué à plonger le pays dans le chaos, en créant les conditions ayant conduit à la mutinerie, d'où résultèrent les pillages de 1991 dans l'ex Zaïre !

Les Jeux d'argent et les pillages de 1991

Avant d'entrer dans le vif du sujet, il sied de faire un petit bond en arrière dans le temps, pour circonscrire l'origine des jeux d'argent ainsi que leurs impacts sur les sociétés dans lesquelles ils ont fonctionné. En écumant le passé, il est étonnant de remarquer que ces jeux, n'affectaient pas seulement les pays pauvres, mais que même dans les pays industrialisés, ils ont su se développer principalement au sein des couches défavorisées de la population. Aux Etats-Unis, ce furent les *Ponzi Games*, et en France, le jeu dit de la*Pyramide inversée* qui attiraient les foules et raflèrent une grande partie de l'épargne de ces pays.

En RDC, des systèmes d'entraides communautaires connues sous le nom de Tontine existent. La Tontine est une association financière créée entre des personnes qui décident de verser une somme déterminée à intervalles fixées, les sommes ainsi réunies sont à tour de rôle reversées à chaque membre de l'association.

La Tontine se base ainsi sur plusieurs apports collectifs, suivi de la redistribution individuelle immédiate au profit d'un bénéficiaire. Les rapports entre la population et les gouvernants étant emprunt de méfiance, les congolais continuent encore jusqu'à aujourd'hui, à opter pour des circuits financiers parallèles pour survivre. Ainsi, lorsque des jeux d'argents calqués sur le modèle des tontines en vinrent à proposer sur base de mises modiques, des gains considérables en des temps record (variant de 4 à 45 jours), il n'est dès lors pas étonnant, que beaucoup de congolais mordirent à l'hameçon.

En créant la Sozal (Société Zaïroise de Loterie) qui avait pour prérogative exclusive la l'organisation de jeux de hasard et de pronostic, l'ancien président Mobutu avait entrainé une ruée de ces citoyens qui, inquiets devant les flambées inflationnistes de l'époque, s'étaient désolidarisés des banques et des coopératives d'épargnes classiques, et investissaient leurs argents dans les loteries.

Du Bingo au PMU (Pari Mutuel Urbain), la Sozal, mais aussi d'autres initiatives privées homologuées (Bindo et Nguma Promotion) ont ainsi entrainé tout un peuple dans un engrenage d'un enrichissement qui va du gain modique au gros lot. Le succès engrangé a créé des joueurs invétérés, intégrant dans leurs revenus, des rubriques « jeux ».

L'impact populaire fut tellement grand, que des cohortes d'hommes d'affaires, de hauts fonctionnaires et mêmes de congolais expatriés, rentraient au pays pour faire des placements dans ces jeux, dont le succès grandissant avait fait le tour du pays et créé une véritable « Bindomania » dérivé du nom de Michel Bindo Bolembe, l'un des principaux promoteurs privé s'étant lancé dans ce business.

La Banque centrale du Zaïre, qui déjà dénonçait des procédés douteux dans le système, verra son propre personnel menacé par la population et l'armée, pour avoir osé dénoncé ceux que le peuple et la presse en avant-plan, décrivait comme le Messie. La population crédule, avait happé tous ses efforts dans ce système de gain facile. Contrairement aux jeux de loterie, le jeu de la pyramide inversée repose exclusivement sur la crédulité des souscripteurs puisqu'il n'est en rien fondé sur le hasard mais sur une assurance que l'avoir cédé sera remboursé à terme avec un taux d'intérêt exponentiel.

Bindo-Promotion proposait des taux d'intérêt de 800 % appliqués au terme de 45 jours, ce qui, en terme annuel, signifiait 8 *000* % de taux d'intérêt ! Le système ainsi conçu reposait davantage sur un effet boule de neige que sur un fond massif de départ. Le capital de départ résidait dans la confiance d'un petit groupe de joueurs auquel se joignit une foule de plus en plus importante grâce au bouche-à-oreille.

Dès que commencent les remboursements, à l'aide des sommes placées par les joueurs, il faut compter sur l'effet du bouche-à-oreille joue pour susciter l'engouement général.

Non seulement des nouveaux clients arrivent, ameutés par les joueurs qui viennent de toucher leur mise grossie de 800 % d'intérêt simple, mais ces derniers remettent en jeu les sommes qu'ils viennent à peine de toucher. Au sein d'une population kinoise où les citadins mal informés et dans un cadre où les institutions traditionnelles d'épargne et d'investissements ont perdu la confiance des clients potentiels, Bindo-Promotion ne pouvait susciter qu'un raz de marée.

Cette réussite qui surprit Bindo lui-même est la cause principale de l'arrêt prématuré des paiements. Un maillage serré des agences Bindo s'étendit rapidement dans tous les coins de la capitale, des services publics aux camps militaires. On mit à la tête des agences des receveurs qui, devant la masse incroyable des recettes recueillies, s'en mirent plein les poches, opérèrent des remboursements prématurés contre dessous de table et falsifièrent les reçus. Bindo, lui-même courtisé par les barons du régime, fit éclater son plafond en acceptant des sommes colossales que les souscripteurs venaient récupérer, accompagnés de leurs militaires, une semaine après le dépôt au lieu des 45 jours prévus. La suite on la connait. S'étant lié aux politiques, voulant eux aussi tirer leur épingle du jeu, le système s'est vite essoufflé.

Bindo, mais aussi Nguma, les principales sociétés des placements privés, furent dans l'incapacité d'honorer leurs engagements vis-à-vis des souscripteurs. Près de 50 millions de dollars pour Nguma et 14 millions pour Bindo, des sommes supérieures à la masse monétaire qui circulait au Zaïre à l'époque furent englouties, plongeant l'économie déjà moribonde dans une crise encore plus profonde.

La liste des souscripteurs envoûtés par le démon du jeu, intégrait pêle-mêle fonctionnaires, soldats, étudiants, etc. Certains ayant même détourné des deniers publics pour les investir dans ces jeux. Même les banques commerciales, censées être les vecteurs de la croissance, ont toutes versées dans la combine.

La population chauffée à blanc, répercutera cette vaste arnaque nationale à Mobutu, qui selon eux, aurait orchestré toutes ces opérations pour enrichir ses proches, une énième Zaïrianisation. La presse zaïroise de l'époque écrira :

*« On est **ainsi** en mesure d'établir aujourd'hui, que l'indisponibilité des liquidités dans le circuit bancaire s'expliquerait par l'hypothèse selon laquelle ceux qui détiennent le pouvoir économico-financier auraient soustrait du circuit bancaire d'importantes sommes d'argent pour monter et financer Bindo-Prornotion et donc **lui** permettre d'honorer les engagements qu'il a pris au début de ses activités »* *(Yenga Ndula et Mokolo Liseko,* Le Soft de finance, 18 *mai 1991, p. 8).*

*« Assurer la sécurité de Bindo et ses actions par les éléments de la Garde Civile, lui accorder plus de temps à la télé et à la radio, plus même que le Président de la République, **lui** céder les installations administratives de l'Etat, notamment dans les zones de Kinshasa, démontre à suffisance l'appui que le gouvernement accordait à Bindo »* (Kapia, *4 juin 1991, P. 7).*

Aux manifestations étudiantes qui se succédaient et à la répression qui s'en suivaient, se conjuguèrent l'insatisfaction des militaires, pourtant eux-mêmes souscripteurs, et qui accusaient leurs cadres d'avoir sacrifié leurs soldes sur l'autel du Jeu. C'est la révolte de la 31ème brigade de l'Armée zaïroise du 22 au 23 septembre 1991, emboîtée trois jours durant par la population, qui a été le catalyseur des pillages de triste mémoire. Des pillages qui ont totalement mis à genoux ce qui restait de l'économie zaïroise. De toute cette expérience, l'histoire retiendra pour les contemporains que la société congolaise fait reposer la réussite sur la débrouillardise.

*« Bindo-Promotion n'est que la pointe de l'iceberg d'un système mis en place par le pouvoir pour faire croire au peuple zaïrois que ce dernier a enfin trouvé la famille qui permettra désormais, aux descendants d'Adam créés à l'image de Jéhovah, de ne plus jamais vivre selon sa prescription : **Tu** gagneras ton pain à la sueur de ton front»* (Le Phare, *17 mai 1991,**P.** 7).*

Si les jeux de pari sportif ne reposent pas sur le système pyramidal, ses imbrications avec le pouvoir politique, laissent craindre des situations de déficit. Cela est déjà arrivé plus d'une fois à Kinshasa, où les sociétés de pari sportif ne disposaient pas de suffisamment de fonds pour payer leurs souscripteurs. Les rétributions que ces sociétés reverseraient aux dires des percepteurs à des autorités politiques, seraient parmi les causes de cette situation.

D'où l'avis des observateurs qu'un jour, les principales sociétés de jeux sportifs puissent être dans l'incapacité totale d'honorer leurs engagements et mettent la clé sous le paillasson. Une énième répétition de la crise de 1991 dans l'ex Zaïre.

De quelle province es-tu ?

L'Afrique incarne des valeurs datant de plusieurs siècles et qui ont été le socle de la stabilité des sociétés précoloniales. Ces valeurs et ces principes régulaient le mode de vie, l'éducation, l'organisation économique, religieuse, politique et judiciaire.

L'arrivée de la colonisation a contribué dans certains cas à, transformer les structures traditionnelles autarciques en des entités modernes, suivant une approche dualiste, tandis que dans d'autres sociétés, le choc des civilisations a détruit le tissu traditionnel ; le transformant en une entité hybride où coexistent le statuquo des traditions et les effets déviants du monde moderne.

Le communautarisme, caractéristique d'un modèle économique dépourvu de toute visée mercantile, faisant des biens issus de la productions des instruments de prestige sociaux, facteurs d'autorité, de considération ou instruments d'alliance, a laissé le champ au modèle de sociétés dominées par des préoccupations matérielles dans lesquelles règnent des valeurs tout à fait nouvelles pour l'homme rural africain ;

l'individualisme, le désir de liberté, l'esprit d'initiative ; de nouveaux idéaux qui ont entrainé un déséquilibre socioculturelle et économique perceptible jusqu'à nos jours.

En République Démocratique du Congo, c'est dans l'institution du mariage que les effets de ce déséquilibre, fruit de l'aliénation des sociétés traditionnelles aux courants capitalistes, sont les plus palpables. La dot, entendue comme la contrepartie financière et/ou matérielle exigée à tout prétendant, a pris au Congo, une forme inquiétante.

La monétisation de la dot, pratique plus commune aux ressortissants de la province du Bas-Congo, est devenue, au-delà de son caractère purement symbolique, un fond de commerce et une opportunité d'enrichissement éhontée, opérée sur le dos de la belle-famille. Il n'est pas rare en effet, d'entendre des familles se plaindre du coût élevé de la dot pour les filles à marier, originaires de cette contrée, dont le montant varie de 700 à 1200 euros en moyenne.

Au-delà de quelques cas isolés, cette pratique n'est que la résultante de la mutation des sociétés traditionnelles communautaristes et gérontocratiques, à celles plus individualistes et matérialistes. La crise financière et les bouleversements induits par le monde moderne, ont institué de fait ; de nouvelles règles et attitudes qui sont devenus « coutumières ».

Le gouvernement censé être à l'avant-garde de la préservation de l'équilibre social, semble entériner silencieusement cette mutation culturelle dont l'exemple des ressortissants du Bas-Congo, qui tend à s'exporter vers d'autres tribus congolaises.
Dans un contexte socio-économique précaire, où la spiritualité ambiante assimile le célibat prolongé à un état d'asservissement spirituel dont l'origine serait des démons ou des esprits malveillants du cercle familial, il est étonnant que les défenseurs de ces théories ne trouvent aucun inconvénient à ce qu'une dot, dans un pays où le salaire minimum est de 55 euros, atteigne des proportions élevés : entre 1500 et 2000 euros dans le pire des cas.

Nouvelles technologies oblige, les smartphones et les ordinateurs portables ont fait leur apparition à côté des usuels souliers, machettes, vins de palmes, bières, vélos ou ustensiles de cuisines ; généralement exigés dans les factures énumérant les éléments constitutifs de la dot. Ces pratiques courantes actuellement en RDC, s'élèvent chaque jour qui passe en principe coutumier, tendant dangereusement à se généraliser à toutes les tribus congolaises, qui devant le mimétisme des autorités compétentes devant ces déviances, sont tentées à faire de même. Comme quoi, avant de se marier au Congo, les prétendants en arrivent très souvent à poser la très gênante question à leurs dulcinées : De quelle province es-tu ?

La fin du monde : suite et fin 2038 !

Le monde entier a été captivé ces derniers jours par la date du 21 décembre 2012. A cette date, suivant, une vieille croyance des peuples Maya d'Amériques, correspondrait la fin d'un cycle, cycle que beaucoup de gens ont à tort voulu lier à celle de la terre, voyant dans cette prédiction, une annonce de la fin des temps.

Tout le monde sait ce qui s'est passée. Avant et au jour du 21 décembre, rien de particulier n'a laissé indiquer un quelconque cataclysme. Pas d'éruption volcanique, pas de météorites scindant le ciel en deux ou autre calamité n'a ébranlé l'humanité pour faire croire en une possible « fin du système des choses » pour emprunter une formule dont raffolent les Témoins de Jéhovah. Rien de notable donc, de Kinshasa à Séoul en passant par Paris, Le Caire ou Abbottabad, rien, rien, rien.

Et pour vous prouver que beaucoup de gens haut placés savaient que c'était une farce, il n'y'a qu'à remonter un peu le cours du temps :

1)   Avant de se faire tuer par les forces spéciales américaines, Ben Laden et Al-Qaïda projetaient aux dires des responsables de la CIA des attentats contre des intérêts américains, pour 2013.

2)   Les Témoins de Jéhovah, qui ont par le passé prédit deux fins des temps (en 1914 et 1975) ont cette fois-ci pris du recul. La preuve, la parution de leur dernière

Tour de Garde de cette année, justement consacrée à cette question et qui est daté de « janvier 2013 »

3)   Les autorités mexicaines où les Maya constituent une partie de la population, ont construit près des monuments de cette ancienne civilisation, des hôtels, des flat et autres attractions pour touristes

Mais pourquoi tout le monde a tellement envie que ce soit la fin ? Je dois rappeler que le 21 décembre 2012 était la 185ème annonce de fin du monde depuis la chute de l'empire romain d'occident en 476 de notre ère.

Survenant très souvent à des périodes troubles dans l'histoire de l'humanité (famines, épidémies, troubles socioéconomiques), ces annonces ont très souvent été l'occasion de revitaliser des communautés, les invitant à une introspection des comportements, des attitudes, afin d'entrainer une reconversion, dans l'attente de l'avènement de la fin. Presque toutes les religions du monde, possèdent dans leurs doctrines des récits similaires, d'avènement d'une ère nouvelle débarrassée des soucis terrestres. Existera-t-il réellement une fin du monde ?
Loin des blagues et des commentaires des amateurs à sensations, la fin du monde adviendra bel et bien, mais dans des circonstances autres. La première hypothèse est celle de l'extinction de la race humaine. Dans ce cas, l'humanité en tant qu'espèce s'éteindrait pour une raison ou une autre tel que ce fut le cas avec une autre espèce dominante avant nous : les dinosaures. Plus d'humains sur terre ne signifie en aucun cas plus de planète terre pour autant. La terre continuerait à exister mais cette fois là, sans hommes.

La deuxième hypothèse est celle de la destruction simultanée de la terre avec l'extinction de la race humaine. Tous les scientifiques admettent que le refroidissement progressif du soleil aura des conséquences sur la vie à la surface de la planète, notamment pour les êtres vivants qui ont besoin de ce puissant astre pour subsister. Sans soleil, les conditions de vie sur terre seraient plus ardues. A cela s'ajoute les risques de super nova (explosion du soleil) qui embraserait la terre et tous ses occupants. Mais les prévisions sur ces deux hypothèses sont assez lointaine pour la dernière et incertaine pour la première. En attendant, le calendrier des fins du monde a déjà programmé un nouveau rendez-vous : l'année 2038. Que se passera-t-il durant cette année-là ?

On parle d'une gigantesque panne informatique qui devrait impliquer, une fois n'est pas coutume des robots. Bon ça ressemble trop au scénario de la trilogie du film Terminator et aux chroniques de Sarah Connor.

Cependant, tout porterait à penser selon les nouvelles prévisions, que les machines (robots et autres machines dotées d'une intelligence artificielle de troisième génération) seraient infecté par un virus qui ferait en sorte qu'ils se retournent contre nous : les humains. Bon, si ça peut faire rire, je me dois de rappeler du caractère sérieux qu'aurait un dérèglement de ce genre sur nous. Les nouvelles technologies de l'information et de la communication actuelles, (NTIC) céderont dans quelques années la place aux nouvelles technologies cybernétiques. Avec celles-ci, au lot de robots pensants et dociles que la science-fiction nous dépeint dans ses arcanes, apparaitront également des technologies de pointe. Les réseaux de téléphonie de 3ème génération qui sont déjà opérationnels dans les télécommunications et sur Internet en sont déjà des avant-goûts.

La date de 2038 correspond à des projections sur l'aboutissement de l'évolution technologique qui, à cette date, devrait produire des machines « conscientes » allant de la sphère de la robotique aux applications de la nanotechnologie.
Les virus ont déjà mutés

Déjà aujourd'hui, des virus informatiques déroutent les systèmes de guidage de drones de combat (cela s'est répété plusieurs fois en Afghanistan), ils perturbent le réseau téléphonique et saturent Internet. Les véhicules actuels équipés de GPS et de systèmes électroniques embarqués régulés par un système d'exploitation sont les nouvelles cibles des virus qui ont déjà mutés et que leurs concepteurs envisagent peu à peu, de muer en virus intelligents (MACHINA VIRUSA SAPIENS) pour reprendre un néologisme latin non consacrée dans le monde de la sécurité informatique. Comme dans Terminator, le risque viendrait donc à la fois de notre comportement et de la menace cybcer-terroriste.

Adopter une technologique de type « consciente » dans nos modes de vie et le développement fulgurant de la virologie informatique laisse à craindre une hécatombe planétaire, dont le déclencheur, serait d'origine informatique. Depuis les rumeurs sur le Bug de l'an 2000, où on nous faisait craindre une série de catastrophes (nucléaires surtout), la suite a rendu les gens très perplexes. Dans l'euphorie du Bug, c'est 500 milliards de $ de recettes qui ont été généré par l'industrie informatique.

La suite tout le monde la connait : le 1er janvier 2000, le monde s'est levé avec d'un côté des gens désabusés de s'être fait arnaquer à grand renfort de publicité et de l'autre, l'industrie informatique mondiale avec ces équipementiers, heureux d'avoir réalisé l'un des meilleurs chiffres d'affaires de son histoire. Si la prudence est de mise, quant aux prédictions apocalyptiques et dramatiques qui alimentent les amateurs à scandales, je me dois en tant que chercheur en sécurité informatique de recommander la prudence face aux nouvelles technologies cybernétiques et leurs incidences sur nous.

Bien que le scénario fin du monde épisode 2038 ne me convainc pas du tout, il faut s'attendre à ce que les machines que notre intellect dote chaque jour de capacités créatrices sont dans une phase de pré-conscience, qui, si l'on n'y prend pas garde, risquent avec la jonction de celles-ci avec des virus informatiques conçues par des mouvements cyber-terroristes, être l'arme à la base de l'extinction de la race humaine.

A voir avec quelle extrême facilité un vers informatique peut faire le tour du monde en quelques minutes, infectant au passage des milliers d'ordinateurs fait froid dans le dos. Et que dire de Stuxnet, ce virus qui a réussi a saboté les centrifugeuses de la très secrète usine d'enrichissement d'uranium de Natanz en Iran en 2010, ainsi que de la mise hors service du satellite indien INSAT 4-B ?

la complexité de la conception de Stuxnet révèle que les virus informatiques d'aujourd'hui sont aujourd'hui capables de frapper des équipements qui ne sont pas nécessairement que des ordinateurs. Hormis ceux-ci, les virus informatiques ciblent également les téléphones et comme pour Stuxnet, des satellites et des centrifugeuses nucléaires ! Que se passerait-il si une puissance étrangère ou terroriste prenait le contrôle des engins volants sans pilotes comme les drones ou des systèmes informatiques commandant le feu nucléaire ?

Consciente de cette menace et de sa vulnérabilité en la matière, les Etats-Unis ont initié en coordination avec l'OTAN, une série d'exercices pour renforcer l'étanchéité de leurs infrastructures technologiques critiques. Espérons qu'entre-temps, l'humanité pourra mieux appréhender les enjeux que représentent les nouvelles technologies cybernétiques pour la paix et la sécurité mondiale et que l'apocalypse cybernétique, loin d'une date connue à l'avance, peut survenir n'importe quand.

L'émancipation de la femme en Afrique commence par son assiette !

L'une des principales raisons militant dans l'alimentation des populations des peuples antiques (Romains, Celtes, Egyptiens, Grecs) étaient essentiellement dû aux croyances. Les théories médicales d'alors ont influencé durant des siècles, les choix alimentaires de nombreuses personnes. Les croyances religieuses ont joué un rôle considérable dans l'histoire de l'alimentation, auprès des populations primitives. Les gens étaient liés à des tabous soit par choix, par tradition ou, plus simplement par conviction religieuse, professionnelle ou philosophique. Les stoïciens par exemple, pratiquaient l'ascétisme. Les adeptes de Pythagore étaient convaincus que les âmes des défunts étaient réincarnées soit sous forme humaine ou animale, étaient de ce fait, végétariens.

L'on observe jusqu'à ce jour, cette même constance dans les traditions alimentaires d'autres peuples en dehors de la méditerranée comme en Inde ou dans plusieurs pays d'Afrique subsaharienne. S'il est difficile d'établir une corrélation entre les similitudes de ces croyances entre les populations africaines contemporaines et européennes antiques, il est cependant à noter que si pour les premières, les choix et interdits alimentaires étaient plus la conséquence de considérations à la fois religieuses et personnelles, dans les secondes, elle fut la combinaison à la fois des croyances religieuses et de l'évolution d'une médecine encore tâtonnante.

Selon les érudits de l'époque, la nourriture et la boisson consommée par une personne, influençaient fortement sur l'humeur et la santé. Les humeurs déterminaient dès lors le régime alimentaire d'une personne, le genre de maladie qu'elle était susceptible de contracter, ainsi que sa personnalité.

Les personnes à sang chaud devaient par exemple manger des aliments correspondant à cette nature. Les médecins s'adonnaient dès lors la plupart du temps, dans leurs consultations, à administrer des traitements, généralement à base de plantes, ou des aliments et des boissons spécifiques, afin d'améliorer l'état de leurs patients.

Le cas du Jujube est illustratif. Arbre produisant des fruits qui, une fois séchées sont utilisées comme sucreries ou dans les pâtisseries ; importé des Indes vers la Méditerranée, Il fut dépeint comme aliment à faible valeur protéinique pour l'homme. Une insuffisance qui, de ce fait, en fit un fruit dont la consommation fut réservée uniquement aux femmes et aux enfants.

La variété des théories, étant fonction des cultures et des systèmes traditionnels intrinsèques à chaque peuple, ont amené à des interdits s'adressant à des minorités comme les femmes, les personnes âgés ou encore les enfants.

Les femmes par exemple, dont la constitution biologique était supposée être plus froide, se voyaient recommandées dans certains cas, par exemple, des aliments chauds, contenant peu de liquides et non saturé d'épices. Elles devaient également éviter suivant certaines régions, les poissons, la graisse et toute viande issue d'un animal nouveau-né. Suivant ces théories, trop de vin leur était préjudiciable et une trop grande quantité de viande, aurait comme effet secondaire, d'aiguiser leurs appétits sexuels.

Il apparait de plus en plus cependant que, dans la structuration du monde antique du bassin méditerranéen, à forte dominance patriarcal, les femmes, de quelque condition sociales elles fussent, aient accès à moins de nourriture que les hommes, sauf dans certaines conditions particulières.

Bien que toutes ces sociétés aient évolué, nous observons encore, dans plusieurs pays du monde, principalement dans les coins plus ou moins reculés d'Afrique subsaharienne, des femmes qui se voient refusées de consommer certains mets, tabous qui s'ils sont brisés sont suivants les coutumes, sources de plusieurs maux :

maladies, stérilité, sécheresse, catastrophe naturelle ou autres calamités, pour la communauté au sein de laquelle vit celles qui enfreindraient ces interdits sacrés.

Bien sûr, plusieurs études anthropologiques sérieuses ont su démontrer, qu'il ne s'agit dans la plupart des cas en réalité, que d'un machisme institutionnalisé, qui continuent à résister farouchement aux plaidoyers et nouvelles approches d'émancipations féministes en vogue sur le continent.

Dans d'autres cas, il est la résultante d'une tradition mystico-philosophique transmise de génération en génération et sur laquelle se fonde l'équilibre social de la communauté. En RD Congo par exemple, certaines tribus comme les Humbu du Bas-Congo, interdisent aux femmes de consommer des animaux comme les tortues, les serpents, ou certains types de poissons locaux, pourtant très prisé par les hommes pour leurs qualités nutritives.

Transposée jusqu'à nos foyers contemporains, où, le père de famille, se voit réservé les meilleurs parts d'un repas, la conception alimentaire est jusqu'à aujourd'hui en Afrique, l'héritage de cette étonnante symbiose entre des impératifs religieux et la prépondérance idéologique de la supériorité « éternellement acquise » de l'Homme sur la femme, instituée depuis la nuit des temps aussi bien dans les sociétés pré-antiques que de celles dominées par les religions révélées (Christianisme, Islam, Judaïsme).

Serions-nous donc là en présence d'un ordre naturel irréversible ? Si les conservateurs des traditions affirment que cette hiérarchie est identique chez tous les êtres vivants (même chez les animaux) et qu'il en serait également de même jusqu'aux cieux (pour les croyants), les féministes quant à elles, se battent pour prouver qu'il ne s'agit que d'un état d'esprit baigné de préjugés et qu'elles tentent de faire évoluer à un équilibrisme social, qui prône aujourd'hui l'égalité parfaite entre les hommes et les femmes.

Une bataille pour l'égalité aujourd'hui qui, bien au-delà du volet spécifiquement socioprofessionnelle, doit avant tout se gagner « dans les assiettes des femmes africaines ».

Votre identité sur Internet : combien ça coute ?

L'appellation d'internaute se réfère à toute personne qui utilise le réseau Internet. Pour beaucoup, le baptême sur le réseau des réseaux s'est réalisé à travers un outil très important : la messagerie électronique. En Afrique subsaharienne, les premiers internautes curieux, ont dans un premiers temps, découvert la magie du Web grâce à la messagerie électronique.

En Afrique francophone, ses premiers pas ont conduit au choix de prestataires comme Yahoo France, Caramail et Hotmail. Dans la pseudo religion « Internet », le baptême d'un nouvel adepte passe inexorablement par l'ouverture d'une boite de courrier électronique. Remplaçant d'un réseau postal traditionnel défaillant, la messagerie électronique est vite devenue un mode de communiquer pour tous, et l'arrivée des réseaux sociaux « tendances » comme Facebook ou Twitter, n'a pas détrôné le rôle prédominant des « e-mails » dans les rapports humains.

Si aujourd'hui, les e-mails constituent le socle d'Internet, il est également devenu une source de revenus pour les pirates informatiques, qui tirent parti de son utilisation pour entretenir le réseau très complexe des « Spams », ces messages publicitaires non sollicités qui inondent nos boites aux lettres et la clé de voûte d'un marché très juteux et dont les tenants ne sont pas bien perçus par l'internaute lambda.
Pourquoi les Spams ?

Les internautes émettent des avis variés quant la question leur est posée. Quel intérêt ont les diffuseurs de spam à agacer tout le monde avec leurs messages publicitaires que du reste personne n'a sollicité ?

La distribution des spam est très complexe et ses ramifications sont analogues aux circuits de blanchiment de l'argent sale. Il se résume ainsi :

Plusieurs sociétés confient à des grandes structures (moteurs de recherche, agences de publicité) le soin d'assurer la visibilité de leurs produits et services sur la Toile.

Afin de s'en assurer, ces grandes structures recourent à des sociétés tierces, qui à leur tour, recourent à des sociétés plus petites ; créant par là une longue chaine de distribution.

L'intérêt résidant dans cette activité est que les premières grandes structures (moteurs de recherches, agences de pub), soustraient dans les fonds mis à leur disposition, des commissions substantielles pour rétribuer les différents acteurs intervenant dans la chaine de distribution. Ces rétributions sont plus importantes lorsque les consommateurs finaux (internautes) achètent ou installent une version du produit qui leur est proposé ou souscrivent à la prestation d'un service. Pour arriver à cette fin, quoi de plus normal pour tous les intervenants de disposer de la plus large base de données d'e-mails valides possibles.

Si la collecte des e-mails est dans une certaine mesure, encadrée dans certaines législations nationales, comme en France ou dans d'autres pays de l'Union européenne où, la collecte de données de nature privée, dont l'e-mail fait partie est réglementée, cela n'empêche pas des pirates de se livrer à une vaste traque des e-mails. Pour y parvenir, des Adwares, ou programmes indésirables, sont mis sur pied par les pirates. Les Adwares sont dissimulés derrière d'autres programmes sains (jeux ou logiciel) qui sont téléchargés et/ou installés. L'accès à ces téléchargements est conditionné si le service est gratuit, par l'introduction d'une adresse e-mail dans un formulaire dédié.

Ces e-mails sont ensuite catalogués dans une base de données et répartis suivant leurs origines géographiques.

Une personne possédant une importante base de données d'e-mails, peut ainsi percevoir de l'argent pour l'envoi de spam à destination de ces boîtes. Les prix payés varient entre 100 et 3000 $ en fonction du prestataire.

Les prix sont plus élevés pour des e-mails appartenant à des citoyens américains, européens ou originaires d'Océanie (généralement l'Australie).

Les sites Internet en Afrique et la caste des Maitres du Web !

Internet a élu domicile en Afrique et passe pour la technologie incontournable à assimiler par tous en ce troisième millénaire. Qui dit Internet en Afrique, fait inexorablement allusion entre autre au nombre d'usagers, mais aussi et surtout aux applications que ceux-ci utilisent lorsqu'ils sont sur la Toile.

Si la messagerie électronique et les réseaux sociaux occupent plus de la moitié du temps des utilisateurs du continent, le développement des sites web commencent à s'intensifier, augmentant considérablement les contenus africains sur la Toile.

Là pourtant, en comparaison au premier Eldorado technologique, où le continent noir s'était rué dans l'usage des réseaux des réseaux, la création des site internet, une profession connue sous le vocable de « webmastering », lui-même dérivé de webmaster qui signifie littéralement « Maitre du Web », connait un antagonisme entre d'une part, « des puristes », pionniers de cet art et utilisateurs quasi systématique des codes et des « newbies » ou nouveaux, qui eux, préfèrent aux vieilles techniques, l'utilisation de logiciels ergonomiques qui font presque tout le boulot à leurs places.

C'est cette démarcation nette entre ces deux catégories de « maitres » qui font que les sites internet « made in Africa », suscitent beaucoup d'appréhension et de critiques auprès des autres professionnels du secteur affirme Clarisse Mputu, membre de l'Association des webmasters du congo (AWEC).

D'après elle, les sites Internet africains sont pour la plupart trop remarquables par leurs excès de dynamisme (animations flash, aucune ergonomie, des liens morts, l'absence de charte graphique prédéfinie et par-dessus tout, des mises à jour irrégulières). En République démocratique du Congo, si quelques Institutions supérieurs et universitaires, dispensent des cours spécialisés, le contenu de ces matières font fi de toute rigueur et laisse beaucoup plus l'initiative aux apprenants qui, en l'absence de méthodologie uniforme, se livrent chacun à sa manière à créer des sites Internet au mépris de plusieurs règles élémentaires, affirme avec force la webmestre en chef de l'AWEC.

Dispensé dans des écoles d'arts, d'audiovisuels et de journalisme, le webmastering est une technique dont l'encadrement n'éveille nullement la conscience des professionnels du secteur, de plus en plus nombreux à se partager un marché en plein essor ; en témoignent les multiples agences dédiées à ce business. Aujourd'hui, tout organe de presse ayant pignon sur rue dispose de son site Internet. Les agences gouvernementales et les organismes gouvernementaux ont quant à eux, suivi ce rythme. Certains, par simple mimétisme, et d'autres par contrainte (plusieurs Ong se sont vus contraindre par leurs bailleurs de fonds, de se dôter d'une vitrine sur Internet).

A Kinshasa par exemple, une grande société de télécommunication qui recrutait des PME sous-traitantes, exigeait parmi ses conditions, l'existence d'un site Internet.

Si cette culture des sites Internet s'est ancrée profondément, l'amateurisme dans ce secteur règne malgré tout, confie un webmaster travaillant dans une agence spécialisée. Des webmasters formés sur le tas, assimilent cette technique à un traitement de texte assisté. Les gestionnaires de contenu sont utilisés sous leurs formes les plus basiques. Dreamweaver, conçu par la société Macromedia, est l'éditeur le plus sollicité par ces webmestres de la nouvelle génération. Mais à quel prix ?

Très souvent, les webmestres ne prennent aucune disposition pour sécuriser leurs postes de travail, là même où sont conçus les pages des sites qu'ils se préparent à charger sur les serveurs de fichiers. Cette négligence a une incidence directe sur la réputation de leurs clients. Il n'est ainsi pas étonnant de voir des anti-virus bloquer l'accès à des pages web dans lesquelles de codes malveillants sont détectés.

C'est ainsi que très souvent ni les webmasters, ni les propriétaires des pages bloqués, ne sont informés que leur site est indexé dans la liste noir des sites à risques !

Les dernières victimes en date et non des moindres sont à répertorier à Kinshasa, dans le Daring Club Motema Pembe, une grande équipe de football de la ville, mais aussi, et c'est là où le bas blesse, à la Présidence de la République, où le site Internet du Président a pendant plusieurs mois été bloqué sur les postes de travail utilisant 4 familles d'antivirus différents (Norton, Avira, Avast, Nod32).

N'eut été l'actualité sur la tenue du XIVème Sommet de la Francophonie à Kinshasa le 14 octobre, où plusieurs médias nationaux et étrangers se réfèrent constamment au site du Président pour se tenir informés, il en aurait peut être encore été ainsi. A cela vient s'ajouter le libéralisme sauvage entretenu par le contexte socioéconomique du pays. Quel doit être la rémunération pour la création d'un site Internet ?

Là aussi les opinions divergent et les agences spécialisées plaident pour une uniformisation des tarifs pour sauver la profession du naufrage. Entre 1999 et 2005, le prix moyen pour créer un site Internet avoisinait les 1500 dollars.

A cette époque les webmasters étaient peu nombreux et la demande était généralement le fait de sociétés privées et d'Organisation non gouvernementales. Aujourd'hui, beaucoup ont embrassé la profession non pas par conviction, mais par nécessité et ont saturé le marché de l'offre dans les grandes villes comme Kinshasa ou Lubumbashi.

C'est ainsi que les prix ont sensiblement baissé, passant sous la barre des 500 dollars. Pour une agence Web devant supporter des charges récurrentes (Selon l'AWEC, en 2007 une agence Web devait supporter en moyenne 17 taxes différentes), la rentabilité de la profession est sérieusement menacée par ces « freelances ».

Le Ministère congolais des petites et moyennes entreprises, avait en octobre 2011, initié une série de proposition pour renforcer la compétitivité des PME et stimuler la croissance. Parmi ces propositions, figurait une amnistie fiscale d'une année, en faveur des petites entreprises œuvrant dans le secteur des nouvelles technologies. Si l'initiative était bel et bien louable, les PME congolaise ont vite dû déchanter devant le refus net des structures génératrices des recettes pour le compte du Gouvernement.

Quant à la dimension citoyenne du Web, le nombre de sites personnels ou de blog privés est très réduit. Les réseaux sociaux ayant pris le relais de l'expression des citoyens notamment des jeunes sur des sujets allant de leurs vies privées à des thématiques plus précises.

Dans un contexte aussi précaire, être « Maitre du Web » en Afrique en général, et en République démocratique du Congo en particulier, est au-delà d'un véritable parcours du combattant, une très longue initiation !

Table of Contents

www.ingramcontent.com/pod-product-compliance
Lightning Source LLC
Chambersburg PA
CBHW020709270326
41928CB00005B/345